彝族灯会舞龙图说

YI DENGHUI WULONG TUSHUO

郭骊　王超 ◎ 编著

时代出版传媒股份有限公司
安徽文艺出版社

图书在版编目（CIP）数据

王圩灯会舞龙图说 / 郭骊，王超编著. -- 合肥：安徽文艺出版社，2024. 11. -- ISBN 978-7-5396-8180-1

Ⅰ. K892.1

中国国家版本馆CIP数据核字第2024DY0840号

出版人：姚 巍
责任编辑：胡 莉　　　　　　　装帧设计：徐 睿

出版发行：安徽文艺出版社　　www.awpub.com
地　　址：合肥市翡翠路1118号　邮政编码：230071
营销部：(0551)63533889
印　　制：安徽联众印刷有限公司　(0551)65661327

开本：880×1230　1/32　印张：5.125　字数：115千字
版次：2024年11月第1版
印次：2024年11月第1次印刷
定价：36.00元

（如发现印装质量问题，影响阅读，请与出版社联系调换）

版权所有，侵权必究

王圩龙灯彩绘图:舞龙头

王圩龙灯彩绘图：舞龙尾

编 委 会

主　　任：赵　亮
副 主 任：程大伟　孙　泉
主　　编：郭　骊　王　超
副 主 编：李毛杰　胡长梅
编　　委：郭　骊　王　超　李毛杰　胡堡冬　王双应
　　　　　胡长梅　白　艺　王舒放　王有生　钱殊杰
　　　　　王世平　王礼国　王中义　程泽宏　钱文立
　　　　　汪　翔　汪诗明　程孝文　高虎明
执行编辑：胡堡冬
动作指导：王双应　王佳友

微信扫码观看

目 录

前言 / 1

第一章　王圩灯会的渊源 / 1

第二章　王圩灯会的习俗 / 7

一、闰年舞龙的由来 / 9

二、会长的产生 / 9

三、"坐堂不出王姓" / 10

四、堂主的选定 / 11

五、会长与堂主的关系 / 12

第三章　王圩灯会的文化特征 / 13

一、龙灯特色 / 15

二、龙灯扎制 / 15

三、龙灯点睛 / 16

四、画符祈福 / 17

五、出灯阵势 / 17

　　六、舞灯程序 / 19

　　七、遵规守矩 / 20

　　八、沉灯仪式 / 21

第四章　王圩灯会的传承传习 / 23

　　一、历任会长 / 25

　　二、历届堂主 / 27

　　三、传承谱系 / 31

　　四、代表性传承人 / 32

　　五、王生应传 / 32

第五章　王圩灯会的管理制度 / 39

第六章　王圩灯会的社会贡献 / 49

第七章　王圩灯会舞龙图示 / 55

后记 / 152

前　言

王圩,是桐城市双港镇青城村的一个村民组。王圩很有名,因王圩的龙灯①名闻遐迩。十里八乡乃至周边县域的人都知道桐城市双港镇有个王圩灯会。

王圩灯会历史悠久,经历了元、明、清、民国几个时代变迁。桐城清代诗人姚兴泉在他的诗歌《桐城好》中就曾写道:"桐城好,灯鼓满街敲。竹马儿童三五个,火龙长短十多条,人日到元宵。"那"火龙长短十多条"说的就是正月里街头舞龙灯的盛况。桐城民间还有"元宵鞭炮唤春风,夜舞欢歌耍龙灯"之说,由此可见,王圩灯会是有历史的,是具有浓郁的民俗风情和深厚的文化底蕴的。

所谓"王圩",顾名思义,当然是王姓居多才叫"王"圩的。

---

① 龙灯:当地方言中通常在"龙灯"前冠以"老"字以示尊敬,所以又称"老龙灯",简称"老龙"。又因龙灯主体为灯架,所以龙灯又被称为"老龙灯架""老龙架"。

人们从族谱中发现,桐城王氏并非本地居民,他们是从外地迁徙而来的。水清菜鲜的江南本是富饶之地,人们突然抛家舍业,选择一个前途未卜的远方安身立命,这需要多么大的勇气啊!相关史料记载,桐城在元末明初就有过一次大的人口流动,许多大家姓氏,如张、姚、方、黄、胡等都是在这一时期迁入桐城的。王氏也不例外。尽管在迁徙中不知哪里可以安身立命,但憧憬与期待就是最美的动力。王氏族人经历了无数磨难,老龙灯架一直伴随着他们辗转,被视为家族的灵魂和命脉。王氏族人认为老龙灯架会保佑王氏,会让王氏找到一方风水宝地,所以传承至今……

另据相关史料记载和村里老人们口口相传,王圩曾得到福桥村汪氏先人的鼎力相助。因为王氏在迁徙时拖儿带女,一路艰辛,正是汪氏的热心帮助,才让他们得以从徽州婺源来到桐城王圩这片土地。

元末明初是一个兵荒马乱的时期。王氏迁徙到桐城后便开枝散叶。王圩的老龙灯也随着王氏族人一起舞到了桐城。数百年来,王氏坚持秘传,老龙灯就这样父传子、子传孙,代代相传,早已经融入王氏的血脉之中。王氏无论经历了什么,也不管遭遇了怎样的磨难,都没放弃老龙灯架,而是将它像图腾一样供奉着、珍藏着,老龙灯一直由王氏独舞。1949年新中国成立以后,王圩经历了土地改革、"大跃进"、成立人民公社以及"文革"时期的破"四旧",老龙灯不再墨守成规,逐渐发展为由9个村民组、10余个姓氏的近200

户人家、千余名会员组成的民间团体——王圩灯会。

桐城市王圩灯会，隶属于安徽省桐城市双港镇青城村。该村面积约 5 平方千米，辖 27 个村民组，共 888 户，农业居民人口共计 3150 人。青城村"两委"在双港镇党委和政府的领导下，积极贯彻党的二十大精神，紧紧围绕农民增收增效，抓好农业基础设施建设，保障民生和改善村民人居环境，大力推动美好乡村建设，着力提升村民的获得感和幸福感……

2023 年 6 月 2 日，习近平总书记在文化传承发展座谈会上指出，中华优秀传统文化有很多重要元素，共同塑造出中华文明的突出特性。中华文明具有突出的连续性，从根本上决定了中华民族必然走自己的路。王圩灯会正是在这种"突出的连续性"传承中一路走来，在各级政府部门和业务部门的领导和指导下，在历任会长的不懈努力下，2010 年成功申报王圩灯会为省级非物质文化遗产。2021 年，双港镇青城村以王圩灯会为载体，申报获批"安徽省非物质文化遗产传承基地"。2021 年 8 月，在市非遗保护中心的牵头组织下，项目保护单位被批准挂牌成立"王圩灯会协会"，同时经上级党委批准，成立了"中国共产党王圩灯会支部委员会"，建立健全了组织机构，增强了集体领导力量。

王圩灯会党支部组织全体会员学习《中华人民共和国非物质文化遗产法》和《安徽省非物质文化遗产条例》，要求会员们真正懂得法律法规对保护和传承非物质文化遗产的重要意义，提高人们的思想认识，明确传承人的职责和义务，使他们乐于带徒，乐于传习技艺。王圩灯会通过田野调查，搜集、挖掘、整理和还原更多的龙灯舞套路，让王圩老龙灯大放异彩，增强了年轻人热爱家乡优秀传统文化的意识，激发了他们对非遗、对传统文化传承的热情；同时，王圩灯会建立奖励机制，对非遗传承、保护和整理工作成绩突出的人员给予表彰。

过去，老龙灯的表演一直没有文字记载，只是艺人们代代相传、口口接续，这难免使老龙灯在迭代中被碎片化，甚至造成某些片段的遗漏和散失。近年来，随着党和政府对非遗工作的高度重视，以及保护力度的加大，桐城市文化馆（桐城市非物质文化遗产保护中心）携手王圩灯会对王圩龙灯进行全方位深耕细挖，加大人员及资金投入，本着守正不守旧、尊古不复古的精神征集资料，尊重每位传承人，对七位高龄传承人进行专访，对其传承的核心技艺进行数字化储存，做足体量，为编写《王圩灯会舞龙图说》精心做好前期准备工作。该书把老龙灯繁多的头绪、交错往复的过程、妙趣横生的表现形式、惟妙惟肖的表演动作，以文字和图片的方式呈现给读者，力图真实具体地还原王圩灯会的来龙去脉，力所能及地复原老龙灯表演的各个细节，并尽可能地交代和诠释灯会的渊源、习俗、文化特征、传承传习方法、管理制度、社会贡献等，多视角、全方位地呈现灯会活动场景，以满足人们欣赏、认识王圩灯会的需求。

王圩灯会是历史遗留给我们的一份珍贵遗产,也是我们立足于现实,必须保护和传承的一种瑰美的精神文化财富。曾经的王圩灯会经历过种种遭遇和磨难,差点失传;而今我们相信,有党和国家的政策保护,有各级政府的高度重视,有非遗部门的精心指导,有灯会会员们的共同呵护,王圩灯会这份珍贵的遗产定会传承下去,并发扬得更好;在中华民族伟大复兴的新时代,必将"盛世逢春纵情舞,砥砺德行织锦绣"!

郭骊　王超

微信扫码观看

第一章 王圩灯会的渊源

第一章 王圩灯会的渊源

传说，王氏宗祖是元末明初随着人口大迁徙，从山西"大槐树"南迁到粤、赣、湘、鄂一带后，散落各地的。《大山王氏宗谱·新安琅玡王氏桐城敦睦堂族谱旁序》载："新安琅玡桐城肖冲敦睦堂王氏，于明初，由婺源迁入桐城……"由此我们得知，今天双港镇青城村王圩的王姓先人是从徽州婺源迁徙而来的。

王氏祖先在背井离乡的长途迁徙中，不忘祖传的老龙灯架（木制品），还有先祖们代代相传的舞龙灯技艺。王氏落户青城，在那片水清菜鲜之地开枝散叶，农耕自食。自明清以来，每逢重大节日或是村里有大事、喜事，龙灯一直由王氏独舞。至新中国成立，人们欢天喜地地大舞龙灯，庆祝翻身解放。到"文革"时期，由于破"四旧"，一切传统文化都被贴上"封、资、修"的标签，龙灯表演被迫停止。到1978年改革开放后，农村实行联产承包责任制，王圩灯会重现生机，并逐渐发展到有9个村民组、10余个姓氏，近200户共千余名会员。王圩灯会至此打破了由王姓独舞的规矩，焕发出民俗文化独特的风采。

说到老龙灯，就必须说说老龙灯架。老龙灯架是木制的，具有龙的雏形，是龙灯的骨架，由王氏族长负责供奉和守护。据老人们回忆，从江南往江北迁徙时，人们拖儿带女，背负的农具和生活用品太多，便丢弃了许多家具和生活用品，却精心保护着老龙灯架，一直携带在身边。人们认为，老龙灯架能保佑族人平安。在迁徙时，还有一支汪氏一起向桐城迁徙。王氏与汪氏和善友好，王氏先人央求汪氏帮忙捎带老龙灯架，汪氏以

"同路无私伴",给予帮助。

王氏祖先和汪氏一起到达定居点(桐城市双港镇福桥村汪家濠),遂成为好邻居。王氏祖先安顿下来,便准备叩请老龙灯架,而此时汪氏却突然不想归还,欲据为己有。为了要回老龙灯架,王氏先人与汪氏几经理论,最后被迫对簿公堂。在公堂上,王氏力陈老龙灯架的来龙去脉和家族传承过程,以及在迁徙中汪氏提供的帮助,但汪氏不能将之据为己有;王氏还提出,当着县衙官员的面,将龙灯摆套设帐,由王、汪两姓进行比舞。汪氏自知没有舞龙灯的技艺,只好甘拜下风。王氏则在县衙以优美的龙灯舞姿、娴熟的技艺、精湛的套路,舞得威风八面,赢得了阵阵喝彩!老龙灯架终于回归了王氏。王氏又觉得汪氏在迁徙中伸出援助之手实属不易,想表达感激之情。经双方协商,县衙裁定:汪氏携带老龙灯架有辛劳之功,由汪氏做老龙娘家,今后王圩灯会开灯,必须首先前往汪氏拜年。此规一直延续到今天,保持了数百年没变。正月初二,王圩老龙灯出灯都从隔河的好邻居汪家濠开灯,娘家人汪氏当然是兴高采烈地拿出好酒好菜热情款待来客了!

时光流转,沧桑变迁,王圩灯会就这样传承了数百年。无论是遇到天灾还是人祸,王圩的年长者都像保护眼睛一样,将老龙灯架收藏好、保管好。特别是在十年"文革"时期,灯会被迫解散,老龙灯架被认为是封建迷信产物,龙灯舞被认为是"四旧",是被批判和铲除的对象。随之而来的是,老龙灯架面临被砸烂焚毁的厄运。在这关键时刻,王兴华、王兴祥兄弟二人冒着被扣帽子、挨批斗的风险,将老龙灯架和一应物品藏在自家的阁楼上,这才使老龙灯架这一祖传之物逃过了一劫,完整地保存下来。

历史终于翻过了一页,王圩老龙灯也重放异彩!进入20世纪80年代,一群老年会员提议恢复王圩灯会,很快得到年轻人的积极响应和大力支持。1982年,由当时的会长王应生牵头,请有木雕技艺的汪家祥重新雕刻了樟木质地的龙王牌位,自此,王圩灯会以全新的面貌开始活动。随着接灯香客纷至沓来,灯会的影响越来越大,由原来的上门送帖转变为预约接帖;拜请老龙灯的方式,也由"单独家庭式",变为机关、学校、企业都能登门表演的新模式。

王圩的老龙灯在改革开放的今天,焕发出新的活力……

第二章　王圩灯会的习俗

王圩灯会经历了数百年的历史沉淀和演变之后,逐渐形成自己独特的风格,有了约定俗成的规矩和习俗。而这些规矩和习俗,出自对自然的观察和认知,是长期实践经验的积累和总结,并代代相传,从而保证了老龙灯的传承,形成了老龙灯的表演特色。

一、闰年舞龙的由来

王圩灯会是闰年正月初二出灯,这与其他龙灯的出灯时间是不同的。为什么王圩龙灯要在闰年出灯,而非每年正月出灯呢?原来,这与王圩人长期的农业生产实践和生活经验有关。王氏祖先发现,正常年景立春是在春节之前,而闰年的立春则会延迟,在春节之后才会到来。从地域来看,桐城地处长江之北,属亚热带气候。立春之后,冰雪消融,气温会渐渐升高,空气非常湿润,雨水也随之而来。这一规律与北方截然不同,而舞龙灯的时间是需要根据天气来确定的,因为彩灯和龙灯都是用彩纸裱糊的,遇到雨水便会淋湿、溶化。人们掌握了这一自然规律,便巧妙安排出灯时间,避开雨水,这展现了王圩人的智慧。

二、会长的产生

王圩灯会会长,是1949年之后才逐渐产生的。在新中国成立初期,大型集会较多,舞龙灯就成了各种活动的开场戏。人们热情高涨,加入灯会的人也不断增加,在举行灯会活动时往往会遇到一些问题,大家各抒己见,意见难以统一;特别是一些年长者,他们以年龄和经验为先导,常常为一些问题争论不休,谁也不服谁。这影响了团结,甚至对出灯造成影响,长此以往,也不利于灯会的稳定和发展。由此,大家不约而同地想到:必须有一个具有一定组织、协调能力的领头人,能够集思广益,带领大家共谋灯会发展。大家最终达成了共识:推举一位德高望重之人担任会长。人们对会长的人选提出了具体要求:

1. 办事公道,没有私心;
2. 有主见,有辨别是非的能力;
3. 有凝聚力,能团结各方人士推动灯会发展;
4. 有宽广的胸怀,能听取不同的意见和声音;
5. 有担当,有作为,有谋划未来的能力。

于是,王圩灯会会长就在这种背景下产生了。

三、"坐堂不出王姓"

王氏主要居住在桐城市双港镇前进、王圩、大河三个村民组,按照惯例,堂主必须在这三个村民组中产生。这是因为王圩老龙灯历经数百年,一直由王氏所独占,他们不希望龙灯被外姓掌控,更不希望王圩的龙灯秘籍被外姓知晓,于是便形成了"坐堂不出王姓"的规矩,堂主必须由王姓来担任。例如,第一届堂主是在王圩村民组产生的,那么"宿堂"①的顺序便是:初二晚为前进村民组,初三晚为大河村民组,初四晚为王圩村民组。因此,第二届堂主在前进村民组产生,"宿堂"的顺序便是初二晚为大河村民组,初三晚为王圩村民组,初四晚为前进村民组。同理,第三届堂主就在大河村民组产生。如此循环往复,堂主基本由王姓担任,外姓要想当堂主,就得靠抓阄来决定顺序。如果王圩、前进、大河三个村民组内多人想当堂主,他们就得与外姓有"宿堂"意愿的人通过抓阄来决定在谁家"宿堂"。

四、堂主的选定

堂主是灯会活动的主事人,是灯会的重要角色,其产生是有一定条件的,而非随意产生的。王圩灯会堂主主要在王圩、前进、大河这三个村民组中轮流产生,每届一人任堂主。堂主产生的程序是:轮到其中一个村民组坐堂时,这个村民组中有意愿任堂主的会员向会长提出申请,由会长召开灯会理事会,提出该堂主人选,再由理事会审查,符合条件的才能被批准为下一届堂主。

---

① 宿堂:指龙灯出灯期间,晚上到有"宿堂"愿望的人家停歇,至第二天傍晚再度出灯。

堂主须具备的条件：

1. 一般是王姓会员；

2. 家庭经济状况较好；

3. 家庭屋舍宽敞；

4. 干活时帮手多；

5. 不计较个人得失；

6. 人缘要好。

五、会长与堂主的关系

会长和堂主是领导与被领导的关系。会长负责灯会的全盘工作，堂主须按照会长的安排，配合处理好灯会出灯前后的一应事务，如在扎灯期间，需组织人员、采购纸张，不折不扣地完成所有流程的工作。每届堂主的任期，从闰年的头年腊月十五迎接龙架到家开始，到下一个闰年腊月龙架被接到另一家为止。

第三章　王圩灯会的文化特征

王圩灯会有自己一套严格的操作程序,其中龙灯的扎制以及龙灯灯组如何配套、前后顺序、出灯时间等,都有独特的运行套路。这也是其与其他龙灯的不同之处。

一、龙灯特色

王圩龙灯与其他地方龙灯不同的是:首先,王圩龙灯主灯为放索灯,共有13节,每节由绳索相连,象征13个月;其次,彩灯和龙灯融为一体,有很强的观赏性;最后,扎制的彩灯多姿多彩,展示了民间匠人精湛的工艺。王圩龙灯平年蛰伏,闰年正月初二出灯,其寓意是风调雨顺、人间太平,百姓生活美满、万事如意。

二、龙灯扎制

闰年头年的腊月十五这一天是王圩最忙碌也最热闹的一天。人们要将老龙架迎到新堂主家,然后把参加龙灯扎制的篾匠师傅和扎灯笼的裱糊匠人召集起来,告诉他们将在新堂主家制作灯笼。篾匠师傅准备好篾刀,扎灯笼的师傅准备好剪刀、刻刀、糨糊等工具,大家为即将开始的扎灯笼活动紧张地忙碌起来。扎灯笼首先要选购好扎制灯笼骨架的竹子,要选老竹子。一是因为老竹子有韧性,不易折断;二是因为老竹子经过弯折、火烤,容易塑形。具体操作如下:

1.把竹子剖开,加工成各种型号的篾,粗细、宽窄、厚薄不一,以备扎制时使用。这一过程需要5—7天。

2.扎制灯的骨架。将竹篾做成各种灯笼所需要的形状,分别用纸条把骨架扎牢。这一过程需要5—7天。

3.由技艺精湛的老师傅,根据形状,用剪刀和刻刀对需要裱糊在灯架上的彩纸进行镂空剪裁。其中的图案和花纹,由师傅根据不同类型的灯笼来决定,所剪裁和刻制的图案为云龙纹、回字形、寿字等吉祥花纹。

4.龙灯的骨架扎制完成之后,开始裱糊,这一过程需要5—7天。

5.扎制龙头龙尾。这是整个扎灯过程的重头戏。龙头和龙尾的骨架扎好以后,龙皮用黄色的确良布缝制,包裹完成之后,再由师傅精心绘制龙鳞。龙眼、龙须是老龙灯的重要特征,制作十分讲究,由长期在灯会从事舞龙的老传承人亲手制作,头珠、尾珠的安装和调试也不能让外人操作,否则会被认为不吉利。

三、龙灯点睛

俗话说"画龙点睛",龙灯扎制完成,只剩下龙眼了,这要等待道士来点睛。一般来说,灯会理事会开过三次会议以后,各项分工基本到位,出灯的路线也已安排妥当,就得按传统去请道士了。道士在正月初一晚上准时到场,在一应法事结束之后,手持朱笔为老龙点睛,此举表示正月初二晚上可以出灯了。

四、画符祈福

龙灯扎制完成,道士点睛之后,龙灯制作并不算完全结束,而是要请道行最深的道师爷用全新毛笔蘸上墨汁,在事先准备好的五彩纸上画上本次"开关"(点关)需要的符图,一共九幅。这种符图,主要寓意是驱除邪气,祈求福祉。道士制作符图必须在诚心向善的前提下进行。符图完成后,要贴挂在龙王殿门楣上,整个仪式完成后再取下来。

五、出灯阵势

王圩龙灯队伍出动时,由头灯(即引灯,也就是引路灯)开路。头灯灯体较重,需要4人轮换。排灯队紧随其后,包括花瓶灯、吊灯等,共计12盏,每盏由2人轮换,计24人,再加土地公1人。第二支队伍是武猖队("五猖"是战国时的白起、王翦、廉颇、李牧、孙武的总称,武行又单供一位"斛斗祖师"白猿,连同"五猖"一起称为"武猖")。头猖须戴面具、化装,全场由1人装扮。闲猖共4人,需轮换,定员8人。接下来是花篮队,共有11人(包括化装师、导演、服务人员)。随后是莲枪队,人数较多,计30人。十番锣鼓,分大、小组,大组40人,小组8人。蚌壳队3人。八仙队8人,由8个儿童扮演八仙。五马(用五色纸扎成)队5人,配合老龙完成"五马跑槽"套路。龙灯人数最多,阵势最大(王圩龙灯属放索灯,共有13节,象征闰年13个月,1节称为"1响"),龙头龙尾共24人;龙身11节,每节3人,共33人;还需安排3人随时更换蜡烛(烛瓢队);由于龙灯的身躯是纸质工艺品,遇雨雪天气,或是不可测的因素,极易损坏,所以还得备1人跟班随时维护。此外,由于舞龙灯时围观的群众较多,还得组织一支由12人组成的安保队伍,以确保出灯顺利。

出灯是王圩灯会最隆重的时刻,每次都有240余人的组合长阵参与。村里男女老少欢天喜地,可以说是全体出动观灯。因此,村里还需安排3—5人留守巡查,防火防盗,以确保村舍安全。

长长的老龙灯队伍出动时,接灯的香客家已备好桌案,点燃香火蜡烛,燃放鞭炮,迎接龙灯队伍的到来。此时,头灯为首,队伍按照排列顺序逶迤而来,向香客的祖先拜年。武猖队则由香客邀请,进入各间房屋不断地摇动链锁,挥舞令牌,以示驱邪、保平安。土地公则站在大门口,口中念词,祝愿吉祥如意。王圩灯会的土地公,一般挑选形象较好、语言表达清晰、年龄合适的男士担任,这样可确保在喜庆的场合能准确地说出吉祥的祝福语,祝福接灯的香客和村里的百姓岁岁平安,新春万事如意。

六、舞灯程序

王圩灯会比较注重仪式感,这既是数百年来形成的传统,也是老龙灯出灯时氛围的需要。隆重的仪式是对老龙灯出灯的烘托,同时也为活动增添了几分神秘感。

1.讨筶子。

王圩灯会有个重要仪式,就是在出灯之前道士诵过三遍经文之后,开始进行讨筶子。

筶子,是将牛角尖从中间剖开制成的两块呈蚌壳状的器物,是道士进行法事活动时占卜凶吉的法器,用于请求神明的谕示。

道士口中要不停地念经文,一手拿着合拢的筶子,抛掷在地面上,看其状态。如果两个都呈俯状,或两个都为仰状,被视为不顺,这样就得再掷一次,但掷筶子不得超过三次;如果掷地呈一俯一仰状,即为顺卦。道士如果掷到顺卦,就意味着此次龙灯出灯活动可以顺利进行,同时也意味着神灵对所求之事予以认同,是吉利的征兆。

2.吉时出灯。

出灯,对于王圩老龙灯来说,是最为重要的时刻。数百年来,人们都认为凡事要开个好头,何况如此隆重的出灯呢?所以正月里出灯,一是要按老规矩,逢闰年出灯;二是闰年正月初一晚上,要请道士为龙灯"开关",这是出灯前必须举行的仪式;三是正月初二晚上出灯。出灯前,百姓纷纷来烧香膜拜,以求来年万事如意。待这些仪式举行之后,便由会长郑重宣布出灯,欢腾热闹的龙灯队伍便浩浩荡荡地按照规划好的路线出发了。

3.兜水上行。

王圩灯会出灯期间,头天晚上由会长公布第二天的行程,第二天一早,由执掌头灯的人员上门送灯柬,灯柬一旦送出,龙灯即日到府,不管晚上出灯时是刮风下雨还是下雪,天气再恶劣,出灯的任务都必须完成。

晚上出灯到香客家时,由执掌头灯的人在前面带路。这是白天送灯柬时已经规划好的出灯线路,但必须遵循一个原则:兜水上。

七、遵规守矩

王圩灯会不仅阵容强大,而且规矩繁多。这些规矩,主要表现在出灯、接灯和龙灯活动结束之时。

1.开灯拜会汪氏。

王圩灯会老龙灯在开灯之前,必须前往汪家濠拜见汪氏,这个习俗延续了数百年,原因前文已经说过,这里不再赘述。

2.土地公说吉祥语。

土地公是出灯时的重要角色。当长长的龙灯队伍到达香客门前时,引灯按照规矩向香客家人拜年之后,土地公便登场了。土地公着长袍,化装,站立在大门口,先向香客朝拜,接着说出祝福语,祝香客及其家人吉祥如意。

八、沉灯仪式

王圩灯会一般在正月十一前后结束。龙灯回到堂主家(现在回龙王庙)举行退光仪式,晚上再到河滩上沉灯,火化龙皮,龙架带回堂主家供奉(现在回龙王庙)。沉灯之夜,方圆几十里的百姓都自发赶来,虔诚地带上香火,顶礼膜拜。河两岸人头攒动,黑压压一片。此时,烟花绽放,鞭炮声不绝,人声鼎沸,笑语喧天,一幅"火树银花不夜天"的景象。直到东方泛白,人们才依依不舍地散去。

第四章　王圩灯会的传承传习

王圩灯会之所以能延续数百年,究其根本,就在于它的传承机制。首先,其组织结构独特,如会长和堂主制,有利于灯会的稳定和各种不成文的规矩的延续。其次,会长和堂主制度有利于财物的保管,不至于灯散财失。最后,灯会具有一定的凝聚力,会长和堂主可以号召村民出人出力,形成一股内在的力量。每一次闰年灯会出灯,既是全村人的盛会,也是乡情的再次凝聚,人们祈盼来年风调雨顺,安居乐业。

一、历任会长

王圩灯会虽然历史悠久,声名远播,历经明、清等,至中华人民共和国成立之前,却一直没有文字记载。

1949年10月1日,中华人民共和国成立,人民群众欢天喜地,庆祝翻身解放。在百废待兴时,曾经在战火中流落他乡的老艺人回到了王圩,他们脸上露出笑容,在各种庆祝活动中舞着老龙灯。这一时期,会长由王文波担任。王文波虽是泥瓦匠出身,但对王圩灯会十分热心,在年轻人中间传授舞龙灯的技艺,对一些关键的套路,他手把手地教。王圩灯会虽然历经沧桑,但一直没有完整的灯会运行制度,在实际操作过程中,经常会遇到一些突发的问题难以解决,特别是一些村民不受约束,往往在关键时刻掉链子,或提出一些不合理的要求,令灯会活动的开展十分被动。鉴于这种情况,王文波想到了必须约法三章,立下适合当时灯会运行的规矩。这个想法得到大家的支持。于是,在王文波的主持下,王圩灯会的第一套规章制度诞生了,它对合作化时期灯会的延续和发展起到了重要作用。

"大跃进"、人民公社时期,灯会会长由王廷同志担任。王廷是位老红军,当年他参加革命队伍在大别山打游击,出生入死,英勇无畏,令人尊敬。中华人民共和国成立以后,他从部队回到村里,脱下军装下地干活,从不摆架子,和村里的父老乡亲打成一片。由于他威望高,办事公道,人们十分信任他,就推举他担任会长。王庭担任会长后,虚心向前任请教,利用他在当地的影响,兢兢业业地为王圩灯会做事,使灯会活动能在比较艰难的情况下开展。

王庭的继任者是王孝义会长。王孝义是土里刨食的农民,为人本分,处事干练,具有较强的组织能力。在他担任会长时,农村经历了"浮夸风"和三年困难时期,经济十分困难,但王孝义仍然尽最大努力组织灯会活动,让灯会活动得以维持下来。

"文化大革命"期间,王圩灯会的活动被迫中断多年。党的十一届三中全会之后,农村实行了联产承包责任制,城里可以上演古装戏,乡村的民俗得以恢复。这一时期,王圩灯会会长相继由王道才、王敬武担任。他们接手龙灯会长几乎是从头做起,恢复了王圩老龙灯的本来面貌。

1993年12月,王生应担任王圩灯会会长。王生应年富力强,办事果敢,具有较强的号召力和凝聚力。在他的带领下,王圩灯会以社会责任为己任,积极从事公益事业,在乡村留下了极好的口碑。

2011年11月,王超接任会长。他务实干练,具有较强的社会活动能力。在担任会长期间,他认真履行职责,梳理以往工作中的问题,制定出新的灯会工作目标,努力为灯会活动拓展空间。在灯会资金缺口大、困难重重的情况下,人们盼望已久的王圩灯会会馆终于在2012年3月破土动工,并于2013年12月落成,从此结束了灯会活动没有场地的历史。王超会长在桐城市文化馆、桐城市非遗保护中心的支持下,挖掘整理了王圩灯会历史资料,按照非遗的要求,全面规划灯会的发展,使王圩灯会这一古老的民间艺术再放异彩。

二、历届堂主

王东海,是王圩村地道的农民。1952年,农村实行土地改革,农民都分到了田地,人人欢天喜地。农民们有了土地,时间便可以自由支配,闲暇时大家凑在一起,要求恢复灯会活动。大伙觉得王东海为人诚恳,便推荐王东海担任堂主。年轻的王东海在那一代村民中拥有较高的威望,他聪慧过人,善于谋划,且能说会道,但鉴于当时刚刚解放,百废待兴,恢复灯会活动面临着很多困难。首先,由于解放前的战乱,许多人离开了王圩,因此,内行人手稀缺。其次,灯会中断时间太长,如果要恢复,难度极大。最后,缺少经费,灯会活动难以启动。面对这些困难,王东海没有退缩,而是迎难而上。他一方面聚拢人心,尽可能地把老会员们召集在一起,谋划恢复老龙灯的套路:找舞龙灯的技师进行舞蹈编排,寻找"开光"的道士……尽最大努力恢复老龙灯特色。难能可贵的是,在灯会没有任何经费的情况下,他与妻子商量,竟然拿出家里仅有的生活费,作为灯会的急需经费,以解灯会的燃眉之急。为了解决灯会的后续经费问题,他放下架子,利用空闲时间去城里走街串巷拾荒,将卖得的钱一点一点积累起来,用作龙灯的花销。这种感人的举动极大地鼓舞了灯会会员,大家有钱的出钱,有力的出力。

王东海为恢复灯会活动,废寝忘食,夜以继日。他不计个人得失的忘我精神、任劳任怨的高尚品质和令人尊敬的美德,为王圩灯会后来的发展奠定了坚实的基础。

1955年闰三月,王道元继任堂主。那时,适逢农村推行互助组合作化的过渡时期,国家突出抓革命促生产,大搞建设,一切都政治挂帅,王圩的老龙灯被认为是旧社会遗留的娱乐活动,所以灯会活动难以开展,会员们也面临着不少困难。

1957年闰八月,王圩灯会堂主由王孝章接任,当时正值开展轰轰烈烈的"反右"运动,随后又是"大跃进"和人民公社时期,强调政治,要求会员们"两不误",老龙灯在这一时期尚能起舞,但香客寥寥。

1960年闰六月,王自立继任堂主。那时正是三年困难时期,人们苦于饥饿,但王圩灯会老龙灯仍然恪守传统,在闰年必须开灯。

1963年闰四月,王兴华担任堂主,他曾冒着生命危险保护过龙架。这一年,国家提出"调整、巩固、充实、提高"八字方针,在生活条件得到改善的背景下,接灯的香客明显增多。

1966年至1978年,王圩灯会被视为封建迷信活动,在破"四旧"之列,是被打倒的对象,灯会被迫停止活动。

1982年闰四月,灯会会员王佳友担任本届堂主,其弟王桂生全力支持,出钱出力,为龙灯复出,兄弟二人耗费了许多心血。王佳友和王桂生都是木匠出身,他们手艺精巧,走村串户,收入可观。他们热心于灯会的传承与发展,为复兴王圩灯会立下了汗马功劳。

1987年闰六月,堂主由王兴祥担任。他曾和哥哥王兴华共同保护老龙灯架。王兴祥也是手艺人,走南闯北,见多识广,做好事不图回报,为人称道。他在担任堂主时,尽力为会员们服务,凡事替灯会着想,为灯会的稳定做出了贡献。

1990年闰五月,王自立担任堂主。王自立是位地道的农民,土里刨食,经济上只能达到温饱,但他热衷于灯会事务,遇到困难,便慷慨解囊去办,从不计较个人得失。

1993年闰三月,灯会堂主是王思九。他处事讲究规矩,凡事带头,坚守堂规不逾越半步,勤勉而忠厚,人称"规矩堂主"。

1995年闰八月,王礼仁担任堂主。王礼仁当过兵,拥有军人的坚毅和果敢,保持着良好的军人作风。他熟悉周边企事业单位状况,拥有很好的人脉关系。担任堂主后,他上门送帖,联系香客,受人称赞。在王礼仁身上,人们看到了一名当代退役军人所具有的可贵品质。

1998年闰五月,王孝平被推举为堂主。王孝平出身于基层干部家庭,有教养,为人谦和,处事有度。在主持灯会事务时,他尽职尽责,受到众人的称赞。

2001年闰四月,王思九继任堂主。他在1993年曾担任过堂主,此番是梅开二度。再度担任堂主,王思九秉承一贯的处事风格,认真履职,处事果断,深受会员尊敬。

2004年闰二月,堂主是王自才。他忠厚本分,是老实巴交的农民。在老龙灯出灯时,他扮演土地公。在担任堂主期间,他恪守规矩,兢兢业业,维持王圩灯会的运转。

2006年闰七月,堂主由王超担任。王超是出名的种粮大户,农业产业化带头人。他睿智而务实,社会活动广泛,远近闻名。他在担任会长期间,积极为王圩灯会拓展活动空间,广泛与社会各阶层交流,对灯会的发展起到了一定的作用。

2009年闰五月,堂主是王思九。此时,他已年高,但对王圩灯会活动热心不减。

2012年闰四月,堂主由王孝平担任。他曾于1998年担任过堂主,此次是二度出山,依然尽职尽责。

2014年闰九月,堂主是王自立。他此次是第二次担任堂主。

2017年,王圩灯会会馆投入使用,王圩灯会老龙灯结束了没有固定的龙庙和龙王殿,历届堂主为此操劳的历史,一切祭祀活动都可以在龙庙内举办。

三、传承谱系

传承谱系

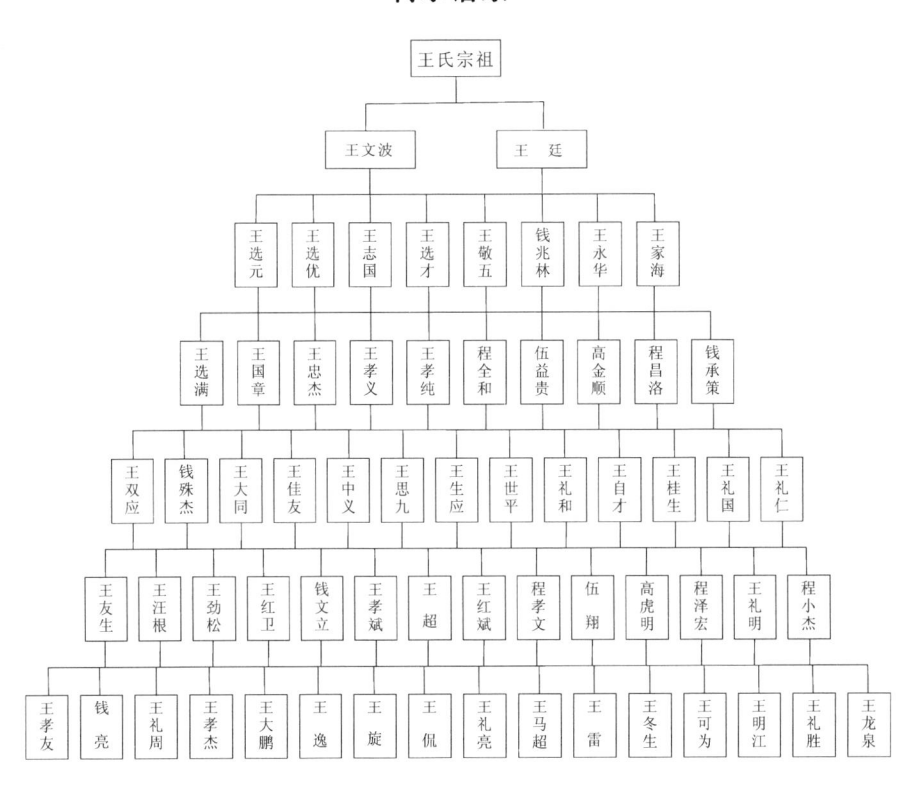

```
                            王氏宗祖
                           /        \
                       王文波         王廷
```

第三代	王选元	王选优	王志国	王选才	王敬五	钱兆林	王永华	王家海
第四代	王选满	王国章	王忠杰	王孝义	王孝纯	程全和	伍益贵	高金顺	程昌洛	钱承策
第五代	王双应	钱殊杰	王大同	王佳友	王中义	王思九	王生应	王世平	王礼和	王自才	王桂生	王礼国	王礼仁
第六代	王友生	王汪根	王劲松	王红卫	钱文立	王孝斌	王超	王红斌	程孝文	伍翔	高虎明	程泽宏	王礼明	程小杰
第七代	王孝友	钱亮	王礼周	王孝杰	王大鹏	王逸	王旋	王侃	王礼亮	王马超	王雷	王冬生	王可为	王明江	王礼胜	王龙泉

31

四、代表性传承人

王生应（1961—2021），省级代表性传承人

王超，省级代表性传承人（舞龙头技艺）

钱殊杰，省级代表性传承人（耍蚌壳技艺）

王友生，安庆市级代表性传承人（打鼓技艺）

王孝斌，安庆市级代表性传承人（舞龙头技艺）

王劲松，县级代表性传承人（舞龙尾技艺）

王红斌，县级代表性传承人（舞龙头技艺）

五、王生应传

1961年11月20日，王生应出生在桐城市双港镇青城村的一个普通农民家庭。他的出生，给父母和爷爷奶奶带来了无尽的喜悦。这一年正是三年困难时期的尾声，饥饿与焦虑的岁月远去了，田野里沉甸甸的稻子也已收割，丰收让村里人十分高兴。随着"调整、巩固、充实、提高"八字方针的落实，农村在发生着深刻变化。农民们由合作化走向人民公社，他们的脸上露出了笑容……

王生应的父亲没有什么文化，他从旧社会走来，曾经，贫穷像苍蝇一样无法摆脱，所以他根本没有接受教育的机会。现在

是新社会,他当然希望儿子王生应能读书识字,长大以后做一个对社会有用的人。桐城历史文化底蕴深厚,人们历来都把读书放在头等重要位置,所以民间一直流传着"穷不丢书,富不丢猪"之说,那意思就是再穷困也要读书,再富有也要勤俭持家。王生应的父亲当然也恪守这样的古训,送他去学校学习,和村里的孩子一样按部就班地上学,希望他日后能有出息。然而"文革"来临,许多学校都停课了。年幼的王生应当然不明白发生了什么,他只是渴望能够去读书,然而校园停课了,他充满期待地紧盯着空荡荡的教室,校园里静得出奇!

王生应的父亲会做一手漂亮的木工活,从"大木"造房子,到"小木"做家具、打盆桶、打穿凳、打桌椅,样样精通。就这样,父亲带着他,走东家串西家,干百家活,吃百家饭。那些年,王生应跟随父亲做手艺,肩上背着锯子、斧头和刨子,与乡亲们打交道,感受生活的不易。除了做手艺还要种地,插秧、除草、施肥,样样都得干。大沙河从一望无际的田野中穿过,他不懂土地究竟在沉思与渴盼什么,贫穷依然像幽灵一样四处游荡。直到1978年,中国的改革开放兴起,农村实行包产到户,农民真正成为土地的主人,被束缚的手脚解放了,脱贫致富的门路打开了……

王生应种完地便出去做木工,这时,他看到许多人外出跑推销,家乡的土特产、毛笔刷子、塑料制品等被推销到全国各地,桐城县委对农民推销员跑推销给予肯定,开大会表彰,为推销员正名。农民的脱贫致富不再是悖逆之想,而是名正言顺的美好追求。王生应决定也要去尝试,要走出这片土地,看看外面的世界。20世纪80年代初,王生应背起帆布包来到广西、河南、湖北等地推销塑料袋,他第一次看到外面的世界是如此之大!他背着塑料袋,走这家去那家,敲开机关办公室的门,脸上堆着笑,递上香烟,一次又一次地被人拒绝,但他不灰心,执着、坚忍地去闯荡。就这样,王生应开阔了眼界,挣下了第一笔钱,虽然不是那么丰厚,但足以改善家庭生活……

进入20世纪80年代,文艺的春天回来了!各种古装戏和现代戏不再被禁锢,而是被搬上舞台在城乡上演;曾经被认为是封建迷信的民俗活动在乡村复苏,比如舞龙灯、舞狮子灯、清明祭祀等,古老而淳朴的民俗民风,让乡村在阳光和暖风中荡漾出一片和谐与美好。王生应回乡过年时,看到王圩百姓兴高采烈地舞龙灯,一下子被家乡久违的舞灯活动吸引了。他问父亲,问村里的老年人,这时他才知道,王圩老龙灯不是一般的民俗,而是与王圩王姓宗族血脉相融的活动。打那时起,他开始关注王圩老龙灯会,并且积极参与活动,成为灯会会员。

1990年,29岁的王生应接了老会长的班,担任新一届会长。命运给了他一次机会,让他面对老龙灯和未来灯会的发展,没有范例可以模仿,只有不断地在新的道路上探索和变革,必须在前任的基础上迈出更坚定的步伐。王生应为会员们造册登记,扩大会员范围,由此打破了王氏独姓独舞的局面,让王圩老龙灯技艺真正地成为王圩人自己的艺术。2006年,王生应偶然得知,老龙灯可以申报"非物质文化遗产",于是,他急忙组织村里的老人挖掘传统套路,并聘请退休的汪益华老校长进行整理,然后急匆匆地来到了市文化馆非遗中心。王生应目标明确,就是要把祖传的老龙灯作为非物质文化遗产保护起来,并且发扬光大。时机适宜,政策对路,2007年,王圩灯会老龙灯通过安庆市非遗中心的申报;2008年,正式被批准为安庆市级非遗项目。王生应万分激动!他手捧批复文件,遥想祖先背负老龙架长途迁徙的艰辛场景,回想那个年代,老龙灯被当作"封资修"遭到禁锢和批判,甚至差点被毁灭的遭遇,他感觉自己所做的一切都是值得的。因为,老龙灯传承的基因刻在王圩人的骨子里,那是王圩人心中的梦想,是地方文化标签和价值所在。

王圩灯会在王生应会长的主持下,很快步入良性发展轨道,这时王生应把目光投向了社会公益事业。1987年,老龙灯"化灯"时,由于人多拥挤,把村里的围墙挤倒了,王生应组织人把围墙及时修好。

一条大沙河将王圩和汪家濠两个村民组隔开,两地村民往来十分不便,人们只能涉水过河,十分危险。王生应决心修一座钢筋水泥桥,以解决人们出行难的问题。王圩灯会自筹经费20多万元,终于将大桥修好,百姓交口称赞,称此桥为"龙灯桥"。

2004年,农村实行基本农田改造,王生应会长与村书记王孝中协商,并得到村"两委"的支持,由灯会出面,购置了水泥、沙石、涵管用于路网和田间改造,解决了村里水渠管道安装的难题,改善了村里道路交通条件。

王生应还心系教育。通往青城小学的道路是黄泥巴路,雨天孩子们上学十分不便。王生应组织灯会出资购买沙石,铺路数千米,改善了学生和乡亲们的出行条件。灯会为学校安装了电风扇,检修了教室,修建了围墙,深受人们称赞。除此以外,王生应还为"五保"户和病重村民送温暖。一件件充满爱心的举动折射的正是王生应会长质朴淳厚的品德。

2009年,在王生应会长的努力下,王圩灯会老龙灯成功申报省级非遗;2010年,被正式批准为安徽省省级非物质文化遗产。王生应笑了,笑容温厚而深沉。人们都说这是他对老龙灯的贡献,那么贡献与成绩的本质是什么呢?当然是王生应对家乡、对老龙灯深厚的情感和执着的热爱。申遗成功不代表灯会能维系下去,王生应接手会长时,灯会账面上只有3.6元人民币。要想举办龙灯活动,首先得请篾匠、买竹子、买各种色彩的纸张,还有其他各种开支,可是没有钱,实在动不了。王生应决定动员村民们捐款解决资金问题,每户出10块钱,交由堂主负责购买纸、竹、麻、蜡烛和乐器,舞灯收入归还每家每户的捐款,节余归灯会所有。村民们是那样热情,钱很快就捐够了。坐堂人家的费用由堂主自己解决。各种各样的灯很快就扎好了,王圩老龙灯舞起来了,长长的龙灯在夜幕中起起伏伏,像一条蛟龙盘绕在大地上。因王生应在王圩灯会项目传承传习、保护推广等方面工作突出,2011年,安徽省文化厅授予他省级非遗"代表性传承人"荣誉称号,自此王会长感到责任更大,付出更多,可谓呕心沥血。

　　曾记得 2009 年,王圩灯会在正月的热闹喧嚣中已经进入"化灯"时刻。所谓"化灯",就是老龙灯舞灯结束以后,将所有的纸灯都集中到河滩焚毁,也称为"退光",以示老龙灯归堂,宣告这一年舞灯活动结束。这一天是如此隆重,河滩上、圩堤上,人山人海,十里八乡的乡亲们都来围观"化灯"。由于人太多,太躁动,王生应会长担心会发生踩踏事件,于是宣布取消"化灯"活动,这也是灯会活动有史以来的首次。

　　老龙灯无法退光成了王生应的心病,同时由于过度劳累,他一病不起。王生应确实累了,他不得不离开他热爱的王圩灯会,他希望老龙灯能在这片土地上舞动与传承。王生应是个坚强的汉子,他顽强地将自己的生命注入那片土地,直到生命熄灭……

第五章　王圩灯会的管理制度

王圩灯会依据中华人民共和国民政部相关法律法规,以社会团体(民间协会)组织架构进行服务管理和活动开展。

第一章　总　则

第一条　本协会名称:桐城市王圩灯会。

第二条　本协会是由双港镇青城村龙灯舞运动工作者或爱好者们自愿组成的非营利性社会组织。

第三条　本协会的宗旨:以习近平新时代中国特色社会主义思想为指导,加强党的领导和党的建设;遵守宪法、法律、法规和国家政策,践行社会主义核心价值观,遵守社会道德风尚。保持逢闰年出灯,平年不出灯。出灯头年腊月十五开始将龙架、龙头扎制裱糊。正月初一由道士请龙神下凡,给龙灯开光点睛。初二出灯,先拜土地庙等;广泛吸收社会各界人士参与,进一步扩大王圩灯会的影响,充分展示龙灯文化魅力,弘扬中华传统民俗文化。

第四条　本协会坚持中国共产党的全面领导,根据中国共产党章程的规定,设立中国共产党的组织,开展党的活动,为党组织的活动提供必要条件。

第五条　协会接受业务主管单位桐城市文化旅游体育局和桐城市民政局的业务指导、监督管理。

第六条　本协会地址:安徽省桐城市双港镇青城村大河组,邮编:231480。

第二章　业务范围

第七条　本协会的业务范围:

（一）宣传、推广龙灯民俗文化，传授龙灯舞技术，组织、参加龙灯舞展演及相关活动；

（二）组织全镇的龙灯舞技术培训；

（三）进行龙灯文化推广、拓展、保护及传承。

第三章　会　员

第八条　本协会的会员为个人会员。

第九条　申请加入本协会的会员，必须具备下列条件：

（一）拥护本协会的章程；

（二）有加入本协会的意愿；

（三）在本会的业务领域内具有一定的影响，能根据本地区条件积极开展龙灯保护与传承活动。

第十条　会员入会的程序是：

（一）提交入会申请书；

（二）经理事会讨论后通过；

（三）由理事会发给会员证。

第十一条　会员享有下列权利：

（一）本协会的选举权、被选举权和表决权；

（二）有参加本协会的活动的权利；

（三）有优先获得本协会服务的权利；

（四）有对本协会工作的批评建议权和监督权；

（五）有自由退会的权利。

第十二条　会员履行下列义务：

（一）执行本协会的决议；

(二)维护本协会合法权益；

(三)完成本协会交办的工作；

(四)按规定时限和标准交纳会费；

(五)向本协会反映情况,提供有关资料；

(六)积极保护与传承龙灯民俗文化活动。

第十三条　会员退会应书面通知本协会,并交回会员证。会员如果1年不交纳会费或不参加本协会活动的,视为自动退会。

第十四条　会员如有严重违反本章程的行为,经理事会或常务理事会表决通过,予以除名。

第四章　组织机构和负责人产生、罢免

第十五条　本协会的最高权力机构是会员大会,会员大会的职权是：

(一)制定和修改协会章程；

(二)选举和罢免理事会成员；

(三)审议协会工作报告和财务报告；

(四)决定终止事宜；

(五)决定其他重大事宜。

第十六条　会员大会须有2/3以上的会员出席方能召开,其决议须经到会会员半数以上表决通过方能生效。

第十七条　会员大会每届4年。因特殊情况需提前或延期换届的,须由理事会表决通过,报业务主管单位审查并经社团登记管理机关批准同意。但延期换届最长不超过1年。

第十八条　理事会是会员大会的执行机构,在闭会期间领导本协会开展日常工作,对会员大会负责。

第十九条　理事会的职权是:

(一)召开会员代表大会,并报告工作和财务状况;

(二)执行会员大会的决议;

(三)选举和罢免会长、副会长、秘书长;

(四)决定本协会下属机构的设立和撤销,聘免下属机构的负责人,领导下属机构开展工作;

(五)批准接纳或开除会员;

(六)决定其他重大事项。

第二十条　理事会须有2/3以上理事出席方能召开,其决议须经到会理事2/3以上表决通过方能生效。

第二十一条　理事会每年至少召开一次会议,情况特殊的也可采用通信形式召开。

第二十二条　本协会设立常务理事会。常务理事会由理事会选举产生,在理事会闭会期间行使第十九条第一、三、五、六、七、八、九项的职权,对理事会负责(常务理事人数不超过理事人数的1/3)。

第二十三条　常务理事会须有2/3以上常务理事出席方能召开,其决议须经到会常务理事2/3以上表决通过方能生效。

第二十四条　常务理事会至少半年召开一次会议,情况特殊的也可采用通信形式召开。

第二十五条　本协会的会长、副会长、秘书长必须具备下列条件：

（一）坚持党的路线、方针、政策，政治素质好；

（二）在本协会业务领域内有较大影响；

（三）会长、副会长、秘书长最高任职年龄不超过70周岁，秘书长为专职；

（四）身体健康，能坚持正常工作；

（五）未受过剥夺政治权利的刑事处罚；

（六）具有完全民事行为能力。

第二十六条　本协会会长、副会长、秘书长如超过最高任职年龄，须经理事会表决通过，报业务主管单位审查并经社团登记管理机关批准同意后，方可任职。

第二十七条　本协会会长、副会长、秘书长任期4年（会长、副会长、秘书长任期最长不得超过两届）。因特殊情况需延长任期的，须经会员大会（或会员代表大会）2/3以上会员（或会员代表）表决通过，报业务主管单位审查并经社团登记管理机关批准同意后方可任职。

第二十八条　本协会会长为本协会法定代表人。如因特殊情况需由副会长或秘书长担任法定代表人，应报业务主管单位审查并经社团登记管理机关批准同意后，方可担任。本协会法定代表人不兼任其他团体的法定代表人。

第二十九条　本协会会长行使下列职权：

（一）召集和主持理事会（或常务理事会）；

（二）检查会员大会（或会员代表大会）、理事会（或常务理事会）决议的落实情况；

（三）代表本协会签署有关重要文件。

第三十条　本协会秘书长行使下列职权：

（一）主持办事机构开展日常工作，组织实施年度工作计划；

（二）协调各分支机构、代表机构、实体机构开展工作；

（三）提名副秘书长以及各办事机构、分支机构、代表机构和实体机构主要负责人，交理事会或常务理事会决定；

（四）决定办事机构、代表机构、实体机构专职工作人员的聘用；

（五）处理其他日常事务。

第五章　资产管理、使用原则

第三十一条　本协会经费来源：

（一）会费；

（二）接受社会团体和个人的捐赠；

（三）政府部门的资助；

（四）在核准的业务范围内开展活动或服务的收入；

（五）利息；

（六）其他合法收入。

第三十二条　本协会按照国家有关规定收取会员会费。

第三十三条　本协会经费必须用于本章程规定的业务范围和事业的发展，不得在会员中分配。

第三十四条　本协会建立严格的财务管理制度,保证会计资料合法、真实、准确、完整。

第三十五条　本协会配备具有专业资格的会计人员。会计不得兼任出纳。会计人员必须进行会计核算,实行会计监督。会计人员调动工作或离职时,必须与接管人员办清交接手续。

第三十六条　本协会的资产管理必须执行国家规定的财务管理制度,接受会员大会(或会员代表大会)和财政部门的监督。资产来源属于国家拨款或者社会捐赠、资助的,必须接受审计机关的监督,并将有关情况以适当方式向社会公布。

第三十七条　本协会换届或更换法定代表人之前必须接受社团登记管理机关和业务主管单位组织的财务审计。

第三十八条　本协会的资产,任何单位、个人不得侵占、私分和挪用。

第三十九条　本协会专职工作人员的工资和保险、福利待遇,参照国家对事业单位的有关规定执行。

第六章　章程的修改程序

第四十条　对本协会章程的修改,须经理事会表决通过后报会员大会(或会员代表大会)审议。

第四十一条　本协会修改的章程,须在会员大会(或会员代表大会)通过后15日内,经业务主管单位审查同意,并报社团登记管理机关核准后生效。

第七章　终止程序及终止后的财产处理

第四十二条　本协会完成宗旨或自行解散或由于分立、合并等原因需要注销的,由理事会或常务理事会提出终止动议。

第四十三条　本协会终止动议须经会员大会(或会员代表大会)表决通过,并报业务主管单位审查同意。

第四十四条　本协会终止前,须在业务主管单位及有关机关指导下成立清算组织,清理债权债务,处理善后事宜。清算期间,不开展清算以外的活动。

第四十五条　本协会经社团登记管理机关办理注销登记手续后即为终止。

第四十六条　本协会终止后的剩余财产,在业务主管单位和社团登记管理机关的监督下,按照国家有关规定,用于发展与本协会宗旨相关的事业。

第八章　附　　则

第四十七条　本章程经 2021 年 7 月 30 日第一届会员大会表决通过。

第四十八条　本章程的解释权属本团体的理事会。

第四十九条　本章程自社团登记管理机关核准之日起生效。

第六章　王圩灯会的社会贡献

王圩老龙灯从婺源辗转来到桐城的大横山下,王氏祖祖辈辈对老龙灯精心呵护、代代传承,他们是把龙灯作为一种民族精神在守护,以期其保一方平安,护佑百姓们风调雨顺、安居乐业。

王圩灯会全体会员一直秉承积德行善、扶困济贫、尊师重教、修桥补路的理念,心怀慈悲,不图回报,以宽厚仁义之胸怀面对广大香客和百姓。

传说,解放前的王圩灯会在兵荒马乱、经费不足的情况下,尽管囊中羞涩,也不忘资助那些衣衫褴褛逃荒流浪的人;对那些儿子被国民党抓壮丁,难以养家糊口的孤独老人,给予一定的帮助,以使他们能够安心度日;对那些学业优秀,家庭却极度困难的学子,灯会也伸出援手。老龙灯在这片土地上乐善好施、积善而舞……

在改革开放的新时代,王圩灯会在历届会长和堂主的带领下,规模不断扩大,收入逐步增加,实力不断壮大,为社会做贡献、献爱心的能力也进一步提高。会长王生应过去是走南闯北的乡镇推销员,1990年入会,29岁担任会长,他对大沙河怀有特殊的情感。大沙河发源于青草镇的尖刀嘴,直达练潭圩。河水长年奔流,将王圩和汪家濠这对世代相邻的好邻居隔开。多年以来,人们只能摆渡或涉水过河,发大水时十分危险。王生应会长为了解决村民的出行问题,便谋划修建一座钢筋水泥桥。灯会开始筹措资金,可灯会的自有资金只能专款专用,不能挪作他用,王生应只能另想办法。他四处化缘,终于筹得20

多万元资金。于是,在大河上修建了一座水泥桥,从此南北变通途,村民们不再有涉水过河之险了,百姓们称赞此桥为"龙灯桥"。

修了桥,王生应又考虑修路。过去王圩村一直都是田埂路,逢雨雪天气,道路泥泞,无法行走。要解决村民出行问题,就必须修路。当时的村书记王孝中和村"两委"对王生应的举措十分支持,经过协调,结合农田改造,王生应带领灯会,购置了一批水泥、涵管,修建了道路,铺设了水渠管道,解决了村民的出行问题。

2004年,青城小学新校址开始建设,由于建校资金短缺,学校围墙一直无法建成。为解决学校的难题,王圩灯会决定出资帮助青城小学完成围墙收尾工程。在修好围墙之后,王圩灯会又发现学区道路泥泞不堪,学生们上学困难。2006年,灯会再度出资,购买大量石子,铺设道路数千米,一举改善了学生和村民的出行条件,得到了各方赞誉。资助教育、修建围墙、热心铺路,是王圩人的愿望,而王生应会长与灯会的理事们就是这一愿望的实现者。

王圩灯会在王生应会长的带领下,积极开展爱心公益活动,对辖区村民组的重病人员进行慰问,给每个重病人员家庭发慰问金500元,还对本科录取的学子给予现金奖励,鼓励他们努力进取,报效国家和家乡。此外,对小圩村民组"五保"户汪路宝的住房重建给予资金支持。

2009年王圩灯会申报获批第三批"安徽省非物质文化遗

产保护名录"。

2011年,王生应因积劳成疾不能继续担任会长了,他推荐灯会副会长王超接任会长。王超年轻有为,是2006年进入灯会的。在此之前,他在北京、天津等大城市打工,经历丰富,视野开阔。2004年王超回乡搞起了农业承包,如今是远近闻名的惠众农场主,种粮大户。王超接手,灯会开始了新的征程……

2012年2月,灯会启动王圩灯会会馆(龙王庙)的建造工作。由于缺少资金,施工说停就停,进展十分缓慢。面对这种情况,王超没有退缩,而是迎难而上,积极想办法,发动社会各界热爱公益事业的人士和广大香客、民众,为建造王圩老龙灯庙踊跃捐款。王超的努力很快得到社会各界的回应,人们纷纷捐款,在很短的时间内,筹得资金30万元。2013年,气势雄伟的王圩老龙庙终于建成了。龙庙共有两进,后进为龙王殿,前进为王圩灯会会馆,整个建筑庄严肃穆。王圩灯会为热心支持会馆建设的人士建起了功德碑,琚泽忠捐龙王神像一尊,李印、汪沛敬献溜金《龙王殿》和《王圩灯会会馆》门头牌匾两块,汪家祥敬献纱灯两盏,以及《消气歌》《好字记住诀》牌匾两块。

2012年,王圩灯会在王超的带领下,为青城小学教室安装电风扇,屋顶建防水层,并捐款2万元支持教育。

2014年,在美好乡村建设活动中,王圩灯会为乡村修路捐款,为五星、王圩、大河、前进、三八、大棚等村民组的路面提供填充沙石,使各线贯通,大大改善了村民的出行条件。

2015年,为各村民组修整道路,累计投入2.8万元,解决了村路难走的问题。王超因此还当选为桐城市第十七届人大代表。

2021年,双港镇青城村以王圩灯会为载体,申报获批"安徽省非物质文化遗产传承基地"。

2022年、2024年,王圩灯会在安庆市文化馆、桐城市文化馆的精心指导下,成功举办了两届"二月二·龙抬头王圩灯会民俗文化节",向社会和百姓展示了青城村千百年来形成的淳厚民风民俗,以及劳动人民在生产生活中形成的农业文化,令参观者流连忘返,交口称赞。

2023年,王圩灯会完成了省级项目王圩灯会传承人抢救性记录工作,将7位高龄传承人的音视频档案数字化;又成功举办了王圩老龙灯传承人向徒弟传授技艺的表演活动,目的是抢救性地挖掘龙灯技艺,展示老龙灯独特的文化魅力和内涵,使这份珍贵的文化遗产得以延续和发扬。

第七章 王圩灯会舞龙图示

【基本动作】

（1）龙头：响三响（拜三拜）（图1、2），左弓箭步（图3），龙头举过头顶再收回（图4）。继而，右弓箭步（图5、6），再左弓箭步，双手交叉，身体向右前方伸展，龙头举过头顶再收回，转身（图7、8、9）。

图1

图 2

图 3

图 4

图 5

换手

图 6

图 7

图 8

图 9

（2）龙尾：向右前方响三响（拜三拜）（图10、11），左、右弓箭步（图12），龙尾举过头顶（图13），后蹲下，小云手（图14、15），转身（图16），龙尾高过头顶（图17）。

图10

图 11

图 12

图 13

图 14

图 15

图 16

图 17

对舞,完成基本动作。(图 18—27)

图 18

图 19

图 20

图 21

图 22

图 23

图 24

图 25

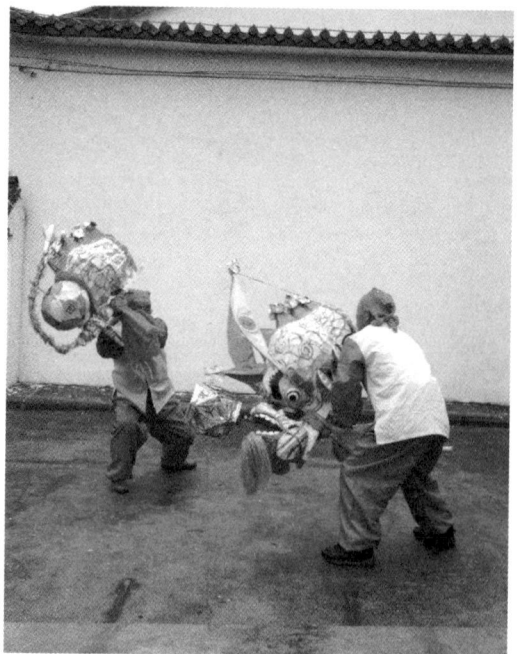

图 26

第七章 王圩灯会舞龙图示

图 27

一、黄龙出洞

龙身十一响摆成圆形,正前方留一出口。龙头、龙尾在圈内对舞(图28),龙头在前、龙尾在后舞出圈外(出洞)(图29、30)。此套路分两步完成。

图 28

图 29

图 30

73

二、黄龙进洞

龙身十一响摆成圆形，正前方留一出口。龙头、龙尾在圈口处对舞（图31），首尾舞动进入圈内（表示进洞）（图32）。此套路分两步完成。

图31

图 32

三、老龙坐宫

龙身十一响摆成圆形,前低后高,头二响(第二节)和尾二响(倒数第二节)蹲坐,首尾二响对接形成宫门(图33)。龙头、龙尾在宫门前对舞(图34),结束时龙头靠近头二响,龙尾靠近尾二响(图35)。此套路分两步完成。

图 33

图 34

图 35

四、老龙出宫

龙身十一响摆成圆形,头二响(第二节)和尾二响(倒数第二节)对接形成高拱门。龙头、龙尾在宫门内对舞(图36),龙头在前、龙尾在后,出宫门(图37)。此套路分两步完成。

图 36

图 37

五、童子拜佛

龙身十一响摆成圆形队形,灯响两侧低中间高,呈坡状。龙头、龙尾在圈内对舞(图38),结束时首尾举过头顶向天叩拜(图39)。此套路分两步完成。

图38

图 39

六、金龙绞柱

龙身十一响摆成半圆形,头二响及尾二响形成两根立柱。龙头、龙尾分别绕柱舞动(图40、41、42),复首尾对舞(图43),完成一套基本动作。此套路分四步完成。

图40

图 41

图 42

图 43

七、丹凤朝阳

龙身十一响摆成弧形,中间高两侧低。龙头、龙尾在弧形中对舞(图44),龙头高举紧挨头二响(方向朝东),龙尾紧挨尾二响,结束时首尾左右摆动(图45)。此套路分两步完成。

图44

图 45

八、金鱼戏水

龙身十一响摆成大弧形队形。龙头、龙尾在尾二响边对舞（图46），龙头在前龙尾在后，自尾二响游动至头二响（图47、48）。此套路分两步完成。

图46

图 47

图 48

九、老龙护珠

队员呈一字形排开,中间三响靠拢为龙珠。龙头、龙尾绕龙珠对舞(图49、50、51)。此套路分四步完成。

图49

图 50

图 51

十、观音打坐

龙身十一响摆成弧形队形，两头低中间高。龙头龙尾从弧线口处对舞（图52），舞动至弧形内，龙头、龙尾手柄着地，倚靠龙身，呈坐状（图53）。此套路分两步完成。

图52

图 53

十一、老龙观月

龙头三响与龙尾三响呈一字形队形,中间五响居中围成半月状。龙头、龙尾在正前方对舞(图54),高举首尾超过龙身摆动,俯瞰月亮(图55、56)。此套路分两步完成。

图54

图 55

图 56

十二、百鸟归巢

龙身十一响摆成圆形队形。龙头、龙尾在圆口处对舞（图57），龙头在前龙尾在后，迅速进入圆形队伍中（示意归巢），结束时将龙头高高举起（图58）。此套路分两步完成。

图 57

图 58

十三、百鸟出巢

龙身十一响摆成圆形队形。龙头、龙尾在圆口内对舞(图59),龙头在前龙尾在后,迅速舞出圆形队伍(示意出巢),结束时将龙头高高举起(图60)。此套路分两步完成。

图 59

图 60

十四、老龙嗅珠

龙身十一响摆成大弧形队形。龙头、龙尾在大弧形正中对舞（图61）。龙头在前龙尾在后，高高举起，依次逐个摇摆，自尾二响至头二响（图62、63）。此套路分两步完成。

图61

图 62

图 63

十五、鳊鱼靠岸

龙身十一响摆成大弧形队形。龙头、龙尾在弧外对舞,向弧内靠近(图64),首尾对接,呈半蹲状并贴近龙身(图65)。此套路分两步完成。

图64

图 65

十六、麒麟送子

龙身十一响前窄后宽，摆成麒麟状队形，高举灯响，首尾二响稍低。龙头、龙尾在首尾二响处对舞（图66），龙头、龙尾迅速昂首摆动冲向正前方（图67、68）。此套路分两步完成。

图66

图 67

图 68

104

十七、喜鹊登梅

龙身十一响面对面摆成两行,灯响紧密贴合。龙头、龙尾分立两侧各自对舞(图69),后将首尾高高举起,高于龙身(图70),此套路分两步完成。

图69

图 70

十八、隔山照影

龙身十一响面对面摆成两行，呈山峰状。龙头、龙尾分别在龙身两侧对舞（图72），然后首尾起舞眺望（图73）。此套路分两步完成。

图71

图 72

十九、老龙振翅

龙身十一响摆成不规则半圆形起伏状队形。龙头、龙尾分别在龙身前后的一侧对舞(图72),首尾振翅三次(图74、75)。此套路分两步完成。

图73

图 74

图 75

二十、老龙晒翅

龙身十一响摆成不规则半圆形起伏状队形。龙头、龙尾分别在龙身前后的一侧对舞(图76),首尾左右摆动(图77、78)。此套路分两步完成。

图 76

图 77

图 78

二十一、龙舞四门

龙身十一响摆成四方有门的阵势。龙头、龙尾在阵外两对门处对舞（图79），首尾在两对门间对舞对出（图80、81）。此套路分四步完成。

图79

图 80

图 81

二十二、螺蛳旋顶

龙身十一响摆成螺蛳状队形,头二响在最里侧并高高凸出,旋转至尾二响,尾二响手柄着地。龙头、龙尾在阵外对舞(图82),龙头高高翘起并与头二响平行,龙尾低于龙身(图83、84)。此套路分两步完成。

图82

图 83

图 84

二十三、老龙伸腰

龙身十一响摆成一字形队形,灯响中间拱出,呈弓形。龙头、龙尾在阵外,分别在首尾二响处对舞(图85),首尾归位,龙身配合首尾上下起伏三次(图86、87)。此套路分两步完成。

图85

图 86

图 87

118

二十四、老龙蹭痒

龙身十一响摆成一字形队形，中间微拱。首尾在阵外，分别在首尾二响处对舞（图88），首尾归位，龙身配合头尾前后移动三次（图89、90）。此套路分两步完成。

图88

图 89

图 90

二十五、斗里寻珠

龙身十一响摆成一字形队形,中间呈拱门状。龙头、龙尾在阵外龙身两侧拱门处对舞(图91),首尾从拱门对出(图92),复对舞后(图93),首尾再返回(图94)。此套路分两步完成。

图91

图 92

图 93

第七章 王圩灯会舞龙图示

图 94

二十六、节节寻珠

龙身十一响摆成一字形队形,头二响独立,三响到十二响两响为一组背靠背站立,形成五道拱门。龙头、龙尾在头二响前两侧对舞(图95),首尾交换位置复对舞,再回位(图96),之后自五拱门向前依次对舞对出(图97、98)。此套路分四步完成。

图95

图 96

图 97

图 98

二十七、翘首望江

龙身十一响摆成一字形队形,首尾呈坡状,尾二响手柄落地。龙头、龙尾在龙身两侧首尾二响处对舞(图99),首尾归位呈昂首状(图100)。此套路分两步完成。

图99

图 100

二十八、背上绣珠

龙身十一响摆成一字形队形,灯响手柄全部着地。龙头、龙尾在龙头处对舞(图101),首尾紧挨龙身两侧游走至龙尾处再对舞(图102、103)。此套路分四步完成。

图 101

图 102

图 103

二十九、犀牛望月

龙身十一响摆成犀牛状。龙头、龙尾分别在首尾二响处先对舞(图104),后归位(图105),再相望对舞(图106)。此套路分两步完成。

图104

图 105

图 106

三十、响响行珠

龙身十一响摆成一字形队形,灯响平行,十一响之间形成十道拱门(图 107)。首尾在每个拱门外对舞对出两次(图 108),后九道拱门重复此动作,至龙尾处对舞对出(图 109),此套路分四步完成。

图 107

图 108

图 109

三十一、老龙出海

龙身十一响摆成一字形队形,灯响呈坡状,前低后高,头二响手柄着地。龙头、龙尾分别在龙身两头侧面对舞(图110),首尾归位(图111),龙身配合首尾前后起伏(图112)。此套路分两步完成。

图110

图 111

图 112

三十二、神龙搅水

龙身十一响摆成一字形队形,灯响平行,五六响、八九响之间各自呈拱门状。龙头、龙尾在头二响处对舞(图113),尾随头后,自拱门处绕成"S"弯(图114),至尾处对舞(图115)。此套路分四步完成。

图113

图 114

图 115

三十三、龙观莲花

龙身十一响摆成莲花状。龙头、龙尾在首尾二响对舞(图116),尾随头后绕莲花半圈(图117),之后复完成上述动作(图118),返回原处呈半瓣莲花状(图119);再从原点反方向完成一次(图120),呈另一瓣莲花状,随后完成套路。

图116

图 117

图 118

图 119

图 120

141

三十四、老龙磨角

龙身十一响摆成两排平行状队形,高举灯响,龙身腾空。龙头、龙尾在首尾二响处对舞(图121),首尾相互磨蹭,上下起伏(图122、123)。此套路分两步完成。

图 121

图 122

图 123

三十五、老龙挠耳

龙身十一响不规则起伏,呈坡状队形,尾二响手柄着地。龙头、龙尾在头二响处对舞(图124),首尾相互挠耳(图125、126)。此套路分两步完成。

图 124

图 125

图 126

145

三十六、草里寻珠

龙身十一响摆成圆形队形,每响之间留有空隙。龙头在外,龙尾在内,龙尾绕着龙头对舞(图127、128),绕一圈后,龙头、龙尾高高举起(图129)。此套路分四步完成。

图 127

图 128

图 129

三十七、鱼跃龙门

龙身十一响摆成一字形队形,手柄全部着地。龙头、龙尾在龙身一侧的中间位置对舞(图130),龙身左右摇摆着地,首尾自龙身跳跃而过(图131、132),此套路分四步完成。

图 130

图 131

图 132

三十八、鲤鱼三跌

龙身十一响摆成一字形队形,手柄全部着地。龙头、龙尾在龙身一侧的首尾二响处对舞(图133),首尾归位,龙身配合首尾左右摇摆着地三次(图134、135)。此套路分两步完成。

图 133

图 134

图 135

后记

当我们编完这本《王圩灯会舞龙图说》时,有种如释重负之感。历史上,桐城盛产文章和稻米,在改革开放的伟大时代,桐城的经济也得到快速发展,成为皖中一颗耀眼的明珠。在数千年深厚的文化积淀中,桐城的民俗文化亦是灿烂夺目,而我们正是它忠实的记录者。

很多研究桐城的学者认为,这片土地曾经诞生过影响深远的散文流派——桐城派,还有闻名遐迩的桐城歌,可将它们归纳为"桐城文化"。没错,这些是桐城文化,我们因此而感到光荣与自豪。文化是一个十分宽泛的概念,独特的民俗民风、独特的民间艺术、独特的教育理念,也是文化的一部分。如,王圩灯会经历数百年的演变与发展,在众多龙灯舞中,其内容与形式都有显著的特点,具有较强的地域色彩和独特的魅力。王圩灯会在2010年成功申报为省级非物质文化遗产,这本身就说明了它的价值所在,以及保护它的必要性。从这个角度来说,王圩灯会无疑是桐城文化的重要组成部分。一种民间艺术的存在并非偶然,尤其是拥有数百年历史的艺术,其深层的意义与岁月的回声，让我们难以驾驭。桐城市文化馆（桐城市非物质文化遗产保护中心）所能做的，就是倾尽全力去挖掘、保护、传承、推广祖先遗留给我们的这份珍贵财富。人们知道，编纂这种由文字、图片、影像资料组成的图书并不那么简单，闭门造车是不可能完成的。此书得以问世凝聚了王圩灯会全体会员和当地村民的极大热情，倾注了非遗保护工作者、社会上热心支持非遗工作的专家学者的共同努力，得到了安徽省非遗保护中心、安庆市文化馆、桐城市文化旅游体育局、双港镇人民政府、青城村村民委员会的有力支持。正是这种强有力的支持，使得我们能够如实记录王圩灯会老龙灯的原始舞动之美和历史遗韵，再现了那些古朴苍劲的画面，感知桐城这片热土的人杰地灵！

我们是第一次编著这样集文字、影像、图片于一体的专著，由于时间和我们自身水平的关系，遗漏和错讹之处在所难免，恳请读者批评赐教。

桐城市文化馆（桐城市非物质文化遗产保护中心）

2024 年 4 月